L'AVEUGLE

SA COMPAGNE

HISTOIRE VRAIE

SE VEND AU PROFIT DE L'AUTEUR

PARIS

VICTOR PALMÉ, ÉDITEUR

Rue Saint-Sulpice, 25

L'AVEUGLE

ET

SA COMPAGNE

HISTOIRE VRAIE

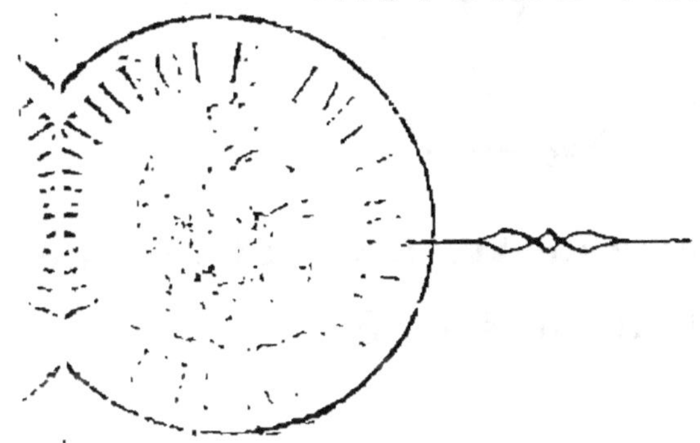

PARIS

VICTOR PALMÉ, ÉDITEUR
rue Saint-Sulpice, 22.

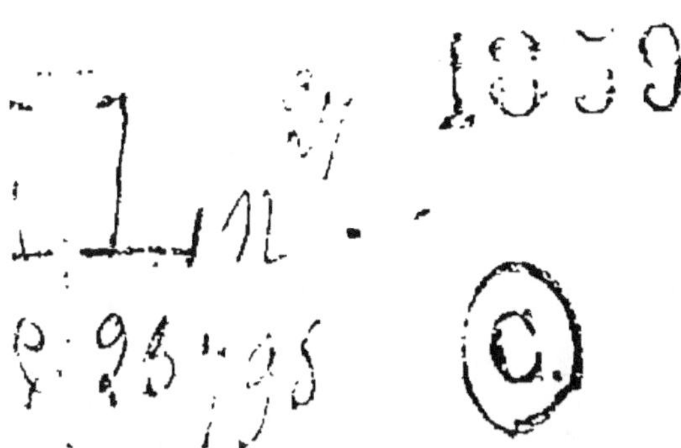

Paris. — Imprimerie de W. REMQUET et Cie,
rue Garancière, 5.

L'AVEUGLE

ET

SA COMPAGNE

— · ⊙ · —

I

Ceci est une simple histoire ; elle plaira aux simples cœurs. — Heureux ceux qu'on peut toucher sans recourir aux artifices de l'art et qui savent voir ce que Dieu cache parfois de grand au fond de ces aventures sans éclat que le vulgaire trouve vulgaires ! Rien n'est petit pour qui cherche dans la trame des choses de la vie la main secrète qui gouverne le monde ; rien n'est léger dans les circonstances d'ici-bas pour qui les pèse toutes au poids du ciel. Le hasard est un mot vide de sens dont se servent des esprits vides d'idées et des cœurs vides d'amour.

Ce n'est point le hasard qui amena naguère, au boulevard d'Enfer, la rencontre dont nous allons faire le récit.

Une femme aveugle cheminait lentement le long du mur d'enceinte et cherchait à se diriger par les tâtonnements de son bâton. Elle paraissait fort âgée et sa démarche était chancelante, autant par suite du poids des ans qu'à cause de sa cécité. Ses vêtements, propres d'ailleurs et raccommodés avec un soin extrême, n'étaient point ceux de la saison et faisaient pressentir une cruelle misère.

Un homme qui traversait le boulevard leva en passant les yeux sur elle. Il aperçut un visage honnête et calme , une physionomie dont de longues souffrances avaient adouci les traits fortement arrêtés. L'orbite des yeux était complétement vide, et les paupières, fermées et ramassées l'une sur l'autre, ne pouvaient s'ouvrir que juste assez pour laisser passer des larmes. Quelques boucles de cheveux blancs, sortant de dessous la coiffure, servaient de cadre à cette tête douce et triste.

L'embarras de cette malheureuse

femme, l'aspect de ce visage que la souffrance avait marqué de son empreinte, de ces paupières vides et désolées, de ces vêtements de l'été portés aux jours froids de l'hiver, tout cela était fait pour toucher profondément le cœur.

Le passant se sentit ému.

Il s'approcha de cette pauvre femme pour lui indiquer son chemin, et la conversation ne tarda pas à s'engager. L'aveugle, qui peut-être avait peu d'amis sur la terre, fut touchée des bonnes paroles qu'elle entendait. Sa figure s'épanouit. L'inconnu lui parlait de Dieu et des consolations éternelles qu'il réserve à nos chagrins d'un jour. Il l'entretenait de ce monde de la véritable lumière qui doit éclairer après cette vie nos yeux ressuscités, de ce monde lointain et proche où ceux qui surent souffrir ici-bas recevront des félicités que l'esprit de l'homme ne peut concevoir. Elle croyait entendre un prêtre, et son âme s'ouvrit à la confiance.

Le passant lui avait offert son bras pour la diriger. Il assouplissait sa démarche à l'allure peu rapide de la vieille aveugle, et ils suivaient lentement leur chemin en devisant des choses de Dieu.

II

Elle se mit à raconter son histoire.

— Je suis, dit-elle, fille d'un officier et femme d'un sous-officier. Sous l'empire, je suivis mon père et mon mari dans la plupart des campagnes de l'armée française à travers l'Europe. J'assistai à de grandes batailles, j'y courus les mêmes dangers que les combattants. Au passage de la Bérésina, j'eus un cheval tué sous moi. J'ai reçu à diverses reprises plusieurs blessures, et vous pouvez même voir sur mon front la trace d'un coup de feu dont je faillis périr.

— Avez-vous longtemps vécu dans les armées en suivant votre père ou votre mari? demanda le passant.

— J'ai été dix-huit ans militaire, répondit-elle gravement sans songer à la naïveté de l'expression et à ce qu'un tel mot avait de bizarre dans une bouche de femme. Ma mère, que j'aimais avec passion, fut faite prisonnière en Russie; et ce fut longtemps là, monsieur, le plus violent chagrin de mon cœur. Elle me fut rendue après la chute de l'empereur. Mais, hélas! dans quel état? malade, presque infirme, vieillie de vingt ans. Pauvre mère! les dures souffrances de la Sibérie avaient à jamais ruiné sa santé. N'était-ce pas à mon tour de nourrir celle qui m'avait nourri, et d'être pour ainsi dire la mère de ma mère?

C'est à remplir un si doux devoir que, dès ce moment, je consacrai ma vie.

J'étais, avant d'avoir perdu les yeux, une assez habile ouvrière. Les soldats m'appelaient, les uns « la Fée aux aiguilles, » les autres « le Napoléon de la couture. » Toujours est-il qu'à force de veilles et de travaux je pus subvenir aux besoins de ma mère. Nous

nous consolions l'une l'autre en partageant nos douleurs, et de la réunion de ces deux infortunes se composait une sorte de félicité. Quoique mon mari, effrayé de ce qu'il appelait une charge nouvelle, m'eût abandonnée pour prendre du service à l'étranger où j'ignore ce qu'il est devenu, je puis dire, en effet, qu'au sein de cette misère dont je parle j'étais heureuse. J'aimais ma mère, et j'étais auprès d'elle. Hélas ! monsieur, Dieu me l'a enlevée; j'ai perdu ma mère, et je suis seule ici-bas.

III

En disant ces mots, la voix de la pauvre femme s'altéra. Le passant avait les yeux humides : il était remué jusqu'au fond des entrailles par le ton désolé dont la malheureuse aveugle avait prononcé ces dernières paroles.

— Consolez-vous, ma bonne, lui dit-il, vous n'êtes plus seule. La Providence vous envoie aujourd'hui un ami qui vous aidera à supporter vos peines. Aimez Dieu et vous serez heureuse.

— Je vous comprends, monsieur, reprit-elle. J'avais tort tout à l'heure quand je me plaignais de n'avoir point d'amis. J'ai une amie bien dévouée qui vint à mon aide quand j'eus le malheur de perdre la vue. Je lui étais alors presque inconnue et voilà bientôt dix ans qu'elle me garde chez elle. Elle me secourt et elle m'aime; et je ne dois pas l'oublier, même en

parlant de ma mère, même en son-
geant à cette perte que rien ne peut
réparer. Dieu d'ailleurs ne m'a jamais
abandonnée : il m'a préservée jadis
au milieu du péril des batailles ; et,
depuis que je suis devenue aveugle
(peut-être à force de pleurer ma
mère), il se présente souvent à moi
sous la forme de petits enfants qui se
plaisent à me prendre par la main et
à me conduire. Aujourd'hui c'est vous
qu'il m'envoie.

— Rien n'est plus vrai. Quand on
croit n'avoir pas d'amis on est injuste et
on oublie le seul ami véritable : Dieu.

—Vos paroles sont douces à entendre, dit alors l'aveugle. Elles calment
mon chagrin et me consolent au moment même où j'allais murmurer.
Vous êtes prêtre, sans doute ?

— Hélas ! non, répondit le passant, je n'ai point cet honneur; mais j'aime les affligés et je me plais à leur parler de Dieu.

— Oh ! monsieur, dites-moi votre nom ! s'écria-t-elle , que je puisse prier pour vous et espérer vous rencontrer encore.

— Donnez-moi votre adresse, dit l'inconnu, et si Dieu le permet, nous nous retrouverons bientôt.

La pauvre femme demeure près des Invalides. Elle allait ce jour-là à la barrière Fontainebleau, partager un petit repas que lui offre chaque semaine une de ses amies, presque aussi pauvre qu'elle. A la porte de l'humble maison où elle se rendait le passant la quitta.

IV

Le lendemain la première pensée de l'inconnu fut le souvenir de sa rencontre du jour précédent et sa première affaire de se rendre au domicile indiqué. L'aveugle était absente; mais il y trouva cette compagne dont elle lui avait dit un mot dans leur entretien.

Cette pauvre femme, déjà âgée et n'ayant pour vivre que le travail de ses mains, accomplissait depuis bientôt dix années l'œuvre du plus obscur et du plus sublime dévouement. Elle avait recueilli la vieille aveugle et en avait eu soin comme d'une sœur durant ce long espace de temps, partageant avec elle sa chambre, sa nourriture et jusqu'à son propre lit.

Elle croyait faire une chose toute simple; et ce qu'il y avait de vraiment admirable en elle, c'était de voir qu'elle n'avait pas conscience de la grandeur de son acte de charité. S'ignorer soi-même est la grâce suprême de la vertu.

On comprend aisément qu'un tel cœur devait s'ouvrir facilement à la confiance et à l'abandon. La conversation fut longue et pleine d'intimité entre cette pauvre femme du peuple et le visiteur qu'elle ne connaissait pas une heure auparavant. Il se plaisait à considérer une charité si haute dans une pauvreté si complète, et peut-être quelqu'une de ses paroles manifesta-t-elle un étonnement rempli d'admiration :

— Que voulez-vous, monsieur ? répondit alors la femme, que voulez-vous ? j'étais seule au monde et je me sentais le besoin d'aimer quelqu'un, de me dévouer à autrui. J'ai adopté cette vieille aveugle. En prenant pour elle les soins minutieux que nécessite son état, il me semble encore que je suis mère. Cette faiblesse que je secours me rappelle ma fille.

Elle essuya quelques larmes.

— Y a-t-il longtemps que vous l'avez perdue ? demanda l'étranger.

— Hélas ! oui, monsieur, et je ne m'en consolerai jamais. Elle venait de faire sa première communion. Je la vois encore avec sa robe blanche, toute blanche comme son âme. Pau-

vre enfant, elle me disait que c'était
le plus beau jour de sa vie, et j'étais
heureuse de son bonheur. Eh bien,
monsieur, cela n'a pas duré... Dieu
m'a pris cet ange!

— Bonne mère, Dieu qui impose
de telles douleurs est aussi le seul
qui puisse les consoler. Avez-vous
recours à lui? communiez-vous souvent?

— Non, dit-elle.

— Quelquefois, du moins?

Elle resta silencieuse, puis tout à
coup, elle fondit en larmes.

— Du courage, ma fille! dit l'inconnu, empruntant, sans y songer, le mot
paternel du prêtre à son ouaille : du
courage! et dites-moi ce qui oppresse à
ce point votre cœur. Ne savez-vous
pas que Dieu est bon?

— Ah ! monsieur, dit-elle, ma fille est au ciel et moi je ne sais où j'irai. Je n'ai jamais éprouvé la joie qu'elle goûta sur la terre. Je n'ai jamais fait ma première communion. Je ne me suis jamais confessée. Que je souhaiterais vivre de cette vie dont a vécu mon enfant, et combien je voudrais avoir fait aussi ma première communion !

— Il est encore temps de la faire, dit le visiteur profondément ému devant cette âme que la grâce de Dieu venait de toucher et qui s'ouvrait aux choses du Ciel.

— Hélas ! monsieur, c'est plus difficile que vous ne le pensez. Je suis complétement ignorante de ce qu'enseigne la Religion, je n'ai jamais lu ni entendu le catéchisme, je ne con-

nais ce que disent les prêtres que va-
guement et en quelque sorte par ouï-
dire. Mais je sens bien au fond de
mon cœur qu'il y a un Dieu, le Dieu
qui m'a donné ma fille, le Dieu qui
me l'a prise.

C'était presque le mot célèbre de Job.

— Bientôt vous ferez votre première communion, dit l'étranger. On
vous instruira, on vous préparera, et
vous ne tarderez pas à prendre part,
vous aussi, à ce banquet de la table
sainte que Dieu vous fait la grâce de
désirer si ardemment. Vous y goûte-
rez le bonheur qu'y goûta votre fille,
et vous y puiserez l'espérance de re-
voir un jour votre enfant dans ce pa-
radis bienheureux où se retrouvent
les âmes chrétiennes qui se sont ai-
mées ici-bas.

Elle prit la main de l'étranger et la baisa pieusement ; puis, la gardant dans la sienne, elle appuya son autre main sur une table qu'elle avait auprès d'elle, pencha sa tête sur son bras comme quelqu'un qui veut dormir et pleura longuement.

Celui qui était témoin de cette scène était sans doute singulièrement ému. Celui qui la raconte en ce moment ne l'est guère moins, quoiqu'il n'ait assisté que par la pensée à un drame si touchant. Quoi de plus beau et plus émouvant, en effet, que le spectacle d'une conversion, alors que le travail de Dieu sur une âme se révèle au dehors par d'abondantes larmes, des larmes étranges dont l'amertume est remplie de douceurs ! Bienheureux ceux qui pleurent ainsi !

V

En ce moment un rayon de soleil pénétra dans la petite chambre, noire et enfumée, où ceci se passait et jeta partout son reflet doré.

La pauvre femme qui pleurait releva la tête et, à travers ses larmes, elle sourit à ce beau temps.

— Dieu dans le cœur, c'est le rayon dans la chambre, dit-elle simplement.

Et elle pleura encore, mais plus doucement.

L'étranger la regardait et priait en lui-même pour cette âme sur laquelle passait à cette heure la main qui

sauve après avoir créé. Il n'interrom-
pait par aucune parole le drame in-
time qui se jouait au fond de ce cœur.
Il laissait agir la grâce, il laissait parler Dieu.

Les larmes de la femme s'étaient sé-
chées, elle réfléchissait profondément.
Un combat se livrait en elle, lutte
suprême entre la nature et la grâce.
Elle hésitait au dernier moment entre
ce qu'elle considérait comme irrésis-
tible dans les passions, les défauts,
les habitudes de son existence pas-
sée et ce qu'elle entrevoyait de beauté
et de douceur dans le calme horizon
d'une vie nouvelle, d'une vie chrétienne.

L'histoire de la conversion de
saint Augustin est au fond celle de
toutes les âmes. Le démon qui laisse

l'esprit bâtir à son aise des *châteaux en Espagne* de conversion, fait appel à toutes ses forces quand une âme entreprend sérieusement de se donner à Dieu, et elle sent alors des résistances dont elle ne se doutait pas. Si j'osais hasarder une comparaison vulgaire, je dirais que nous ressemblons à ces chevaux qu'on abandonne au milieu d'un pré, attachés à un pieu par une longue corde. La corde traîne mollement sur l'herbe tant que l'animal ne s'éloigne pas trop et il peut se croire libre ; mais veut-il s'échapper et franchir le cercle que lui a marqué une volonté plus forte que la sienne, la corde se tend et le cheval comprend qu'il est esclave. Telle est la liberté que nous laisse le démon. Nous nous croyons indépendants et c'est seulement quand nous voulons sortir du domaine du mal que nous sentons toute la force des liens qui nous enchaînent et qui nous retiennent. — La grâce, c'est Dieu qui coupe la corde.

La femme dont nous parlons triompha dans ce suprême combat. Elle tendit la main à son visiteur.

— Monsieur, lui dit-elle, je m'abandonne à Dieu. Indiquez-moi un confesseur, et quelqu'un pour m'enseigner les vérités de la Religion.

Le maître qui devait lui apprendre la doctrine du Fils de Dieu n'était pas loin. On frappa à la porte et l'aveugle entra.

VI

Celle-ci avait négligé depuis près d'un demi-siècle les pratiques de la vie chrétienne. Elle les avait d'abord discontinuées dans le tumulte de la vie des camps, puis le mal de l'indifférence avait glacé son cœur. Le malheur était enfin venu raviver en elle les souvenirs religieux de l'enfance et elle avait plus d'une fois tourné son cœur vers Dieu. Mais ces vagues élans d'une religiosité, d'ailleurs très-réelle, ne s'étaient pas encore traduits en une conversion positive, et pour tout dire en un mot, elle ne *pratiquait* pas. Elle tournait autour de l'Église ; elle n'y entrait point. Ce jour-là, la grâce de Dieu lui en ouvrit la porte.

Devant la résolution de son amie elle s'écria :

— « Et moi aussi je veux être chrétienne ! »

Sa mémoire très-développée et très-tenace n'avait rien oublié des instructions chrétiennes qu'elle avait reçues jadis du curé de son village, et ce fut elle qui se chargea d'apprendre les vérités de la foi à sa vieille amie.

C'était un tableau à ravir les anges que celui de cette aveugle versant la véritable lumière dans l'âme de sa bonne compagne, et dévoilant à ses regards charmés les horizons éternels. Ainsi elle rendait à sa bienfaitrice, en le multipliant par l'infini, le bien qu'elle en avait reçu elle-même. Elle lui donnait le pain éternel, en échange de ce pain d'ici-bas qui ne nourrit qu'un jour.

VII

L'étranger dont nous avons parlé venait les voir souvent. C'est un lointain voyageur qui a contemplé sur plusieurs continents bien des spectacles divers, mais il en a rarement vu de plus attendrissant que celui que nous racontons.

Un prêtre s'était chargé de diriger ces deux âmes et de les préparer au grand acte de la vie catholique.

Le jour ardemment invoqué arriva enfin. La Providence voulut, comme pour traduire la joie du ciel, qu'aucun nuage ne vint assombrir le temps et attrister les yeux. Le firmament était bleu et le soleil splendide.

L'inconnu vint prendre les deux amies pour les conduire à la chapelle de Sion. Ils marchaient ensemble le long du boulevard, silencieux et recueillis. Une brise légère se jouait dans les arbres.

— Quel beau jour, s'écria celle qui allait recevoir son Dieu pour la première fois, quel beau soleil ! Ah ! ma bonne amie, que ne peux-tu en voir les rayons !

— Je sens leur présence et ils me réchauffent, répondit l'aveugle. Et puis, vois-tu, il fait soleil dans mon âme.

Au moment de la communion, l'étranger conduisit l'aveugle à la table sainte. Toutes deux fondaient en larmes. Elles s'agenouillèrent à côté l'une de l'autre et elles reçurent leur Dieu. . . . .

. . . .

VIII

Le soir, une grande dame du faubourg Saint-Germain tint à honneur de célébrer par une fête ce triomphe de Dieu qui venait de conquérir deux âmes, ou, pour parler tout aussi vrai, cette victoire de deux âmes qui venaient de conquérir Dieu.

Un grand festin fut donné; un festin qui rappelait le retour du Prodigue, et jamais plus grande joie ne fut mêlée à un plus grand attendrissement. .

A la fin de cet heureux festin, l'har-

monie de la terre répondit à l'har-
monie des cieux. Une gracieuse jeune
fille se mit au piano et elle joua une
marche guerrière. L'aveugle tressail-
lit d'aise à ses souvenirs évoqués et
à la mémoire de ses batailles.

— C'est aujourd'hui l'Austerlitz du
bon Dieu, dit-elle.

IX

Nous ne pouvons terminer ce récit
sans dire un mot de l'admirable charité de ces deux âmes régénérées su-
bitement par la grâce.

Elles se sont faites les missionnaires
de Dieu. Elles veulent partager avec
autrui le trésor divin qu'elles ont
reçu; et, dans cette œuvre d'apos-
tolat, Celui qui dispose les cœurs a

daigné bénir leurs premiers efforts.

Un homme qui avait longtemps étudié les sciences humaines et oublié la seule science véritable, celle de Dieu, a fini ses jours en bon chrétien par les conseils de la pauvre aveugle. Une jeune fille de dix-sept ans, qui n'avait pas encore fait sa première communion, a été instruite par le même dévouement et conduite à la table sainte par celle dont les yeux, fermés aux choses de la terre, se sont enfin ouverts à la vraie clarté des cieux.

Et maintenant, si ce récit a fait naître en vous quelque douce émotion, venez à l'aide de cette noble infortune. Priez pour ceux qui ont pris part à cette œuvre. Priez surtout pour celui qui a écrit cette histoire ; et de-

mandez à Dieu de lui donner, non-
seulement une imagination qui com-
prenne le Bien, mais une volonté mâle
qui l'accomplisse.

Priez, priez donc pour lui; priez
aussi pour ceux qu'il aime.

FIN.

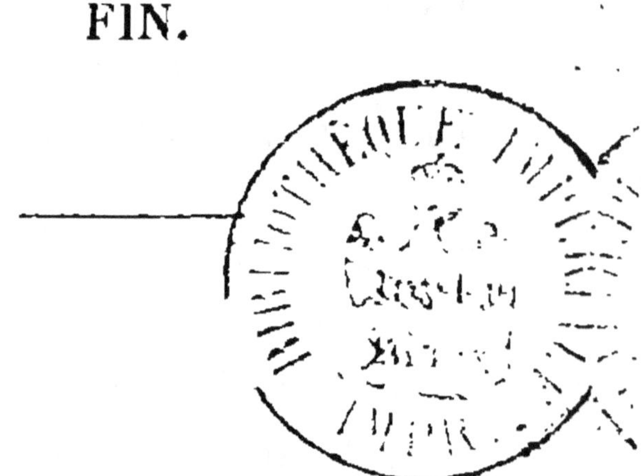

*S'adresser pour remettre les secours
à la librairie de M. Victor Palmé, rue
Saint-Sulpice, 22.*

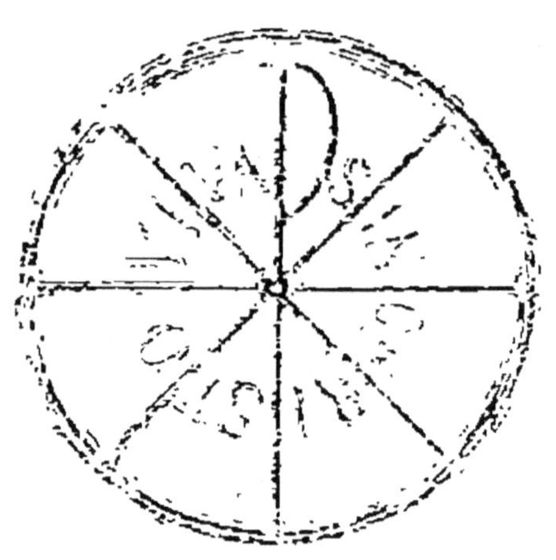